AF359080

GVIDE OFFICIEL AV MVSÉE NATIONAL SVISSE

Traduit
par
J. MAYOR

HOFER & CO. ÉDITEVRS, ZVRICH.

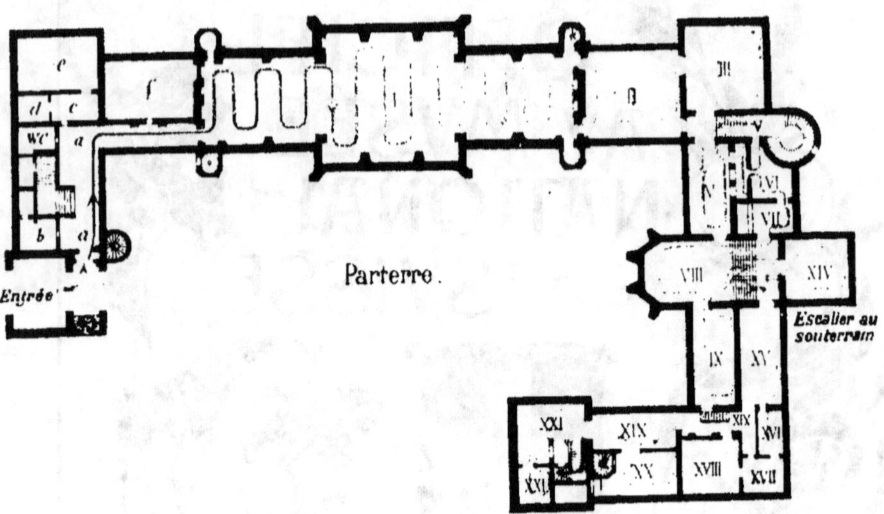

e
d c
wc a
b a
Entrée
Parterre.
III
II
V
IV VI
VII
VIII
XIV
Escalier au
souterrain
IX XV
XI
XII XIII
LXX XIX
XX XVIII XVII
XXI XVI

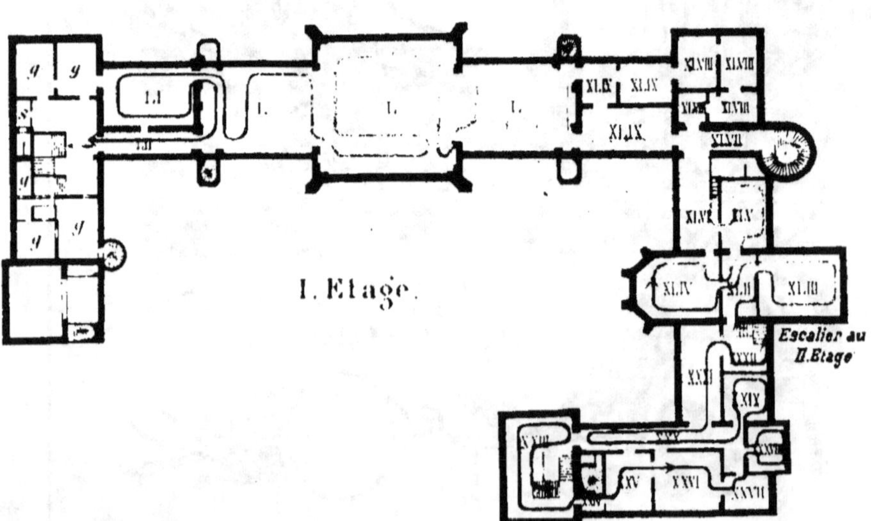

g g
g
g g
LI
L L L L
XLIX
XLVIII XLVII
XLVI
XLV XLIV
XLI
XLII XLIII
XLIX
XL XXXIX
XXXVIII XXXVII
XLIV XLII XLIII
Escalier au
II.Etage
XXXII
XXX XXXI
XXIX
XXVIII
XXVII
XXV XXVI
I. Etage.

DR. H. LEHMANN

GUIDE OFFICIEL

AU

MUSÉE NATIONAL

SUISSE

TRADUIT PAR **J. MAYOR**

ZURICH
HOFER & Co., ÉDITEURS
1898

Voir pour le plan du musée, l'intérieur de la couverture.

Guide au Musée national suisse.

Notice historique.

C'est en 1880 que feu le professeur Salomon Vögelin, de Zurich, proposa pour la première fois au Conseil national la création d'un *Musée national suisse*. La même année, M. Théodore de Saussure, de Genève, se préoccupait de la fondation d'une *Société suisse pour la conservation des monuments historiques*. Peu de temps après, en 1883, la première exposition nationale suisse eut lieu à Zurich; un groupe de l'art ancien y fut joint et fit une impression si profonde sur les visiteurs que Salomon Vögelin reprit son idée et en nantit de nouveau les Conseils de la Confédération. Ces derniers promulguèrent, le 30 juin 1886, une *loi concernant la participation de la Confédération à la conservation et à l'acquisition des antiquités nationales;* en même temps, le comité de la Société des Monuments historiques était constitué en une *Commission fédérale pour la conservation des antiquités suisses* qui commença ses achats avec l'année 1887. Ce furent, tout d'abord, une série de boiseries complètes formant des chambres entières, ou de fragments de boiseries, achetés précisément en vue de la construction d'un Musée national. En 1888, la question se posa nettement; mais, dès le principe, une difficulté se présenta, quatre des plus grandes villes de la Suisse demandant à devenir le siège de la nouvelle institution. Un legs important fait à la Confédération par M. L. Merian, architecte à Bâle, en vue de la fondation d'un Musée national, décida les autorités fédérales à se déclarer favorables en principe à la création projetée. En 1888 encore, la Commission fédérale des antiquités élabora un programme pour l'installation des futures collections, qui devait servir de guide aux architectes des différentes villes en présence.

Le 17 octobre 1888, Salomon Vögelin mourut. Il n'avait point assisté à la réalisation de son projet de faire de Zurich le siège du Musée national. Mais ce projet ne fut pas abandonné. Bien au contraire, feu M. C. Fierz-Landis fit don à la ville de son château de

Schwandegg et des collections qu'il renfermait, afin qu'elle fut mieux en situation de formuler sa demande; d'autre part, une „exposition Waldmann" organisée l'année suivante, montra combien Zurich était riche en objets de la fin du XVe siècle.

De leur côté, les autres villes concurrentes ne renoncèrent pas à se mettre en ligne. Une commission d'experts formée de trois directeurs de Musées étrangers fut chargée, en 1890, d'étudier leurs offres; elle donna la préférence à Berne.

La première loi fédérale sur le Musée proprement dit date du 27 juin 1890; elle instituait un *Musée national destiné à recevoir les antiquités nationales ayant un intérêt historique ou artistique.* Et l'année suivante, Zurich sortit victorieuse de la lutte pacifique qui s'était engagée autour du Musée; elle s'engageait à donner l'emplacement nécessaire et à construire le Musée à ses frais, et les collections publiques zuricoises devaient entrer au Musée. Une Commission de sept membres, à la tête de laquelle se trouvait M. H. Pestalozzi, président de la ville de Zurich, fut nommée par le Conseil fédéral. En 1892, le Conseil nomma directeur du Musée national M. H. Angst, trésorier de l'ancienne Commission des antiquités, et le 29 avril 1893 on posa la première pierre du bâtiment, dont les plans, élaborés par M. G. Gull, architecte de la ville de Zurich, furent exécutés dans les années suivantes. L'installation intérieure du Musée a été faite par les soins de la direction, qui organisa dans ce but un service spécial dirigé par M. le Dr. J. Zemp, actuellement professeur à l'Université de Fribourg. Enfin, le Musée étant achevé et les collections convenablement disposées, la ville de Zurich en a fait la remise à la Confédération et son ouverture a eu lieu le 25 juin 1898; une grande fête, avec cortège et représentations de scènes populaires costumées, fut célébrée à cette occasion.

Temps préhistoriques.

A. Cavernes et abris sous roches.

1. Période paléolithique. Trouvailles du Dr. J. Nüesch au Schweizersbild (Schaffhouse). *Vitrines 1 et 2,* armes et outils de silex, ossements et bois de renne en partie ornés de dessins gravés. Modèle du rocher et coupe des terrains. Foyer et établi du tailleur de silex (originaux). *Vitrine 3,* trouvailles de Thaingen (Schaffhouse) et de Veyrier (environs de Genève).

2. Période néolithique. Sépulture d'enfant du Schweizersbild (originale). *Vitrine murale*, ossements humains de la race normale et de la race de pygmées du Schweizersbild.

B. Habitations lacustres.

1. Palafittes de l'âge de la pierre. *Côté de la cour*, fouilles des habitations lacustres de la Suisse orientale. *Côté de la gare*, fouilles des habitations lacustres de la Suisse occidentale. On remarque en premier lieu une riche série de fragments de filets et de tissus, puis le grand nombre et la variété des objets de pierre, d'os, de terre cuite et de bois.

2. Palafittes de l'âge du bronze. *Côté de la cour*, fouilles des habitations lacustres de la suisse orientale, principalement des environs de Zurich (station de Wollishofen). Les objets de parure sont richement représentés, de même que les ustensiles, haches et couteaux, mais les armes sont plus rares. *Côté de la gare*, fouilles des habitations lacustres de la Suisse occidentale (ancienne collection Gross), principalement des stations de Mörigen, Auvernier, Corcelettes. Les objets de parure sont également nombreux, l'ambre apparait, de même que l'or et le verre; à côté des vases de terre, on en voit de bronze, souvent finement travaillés; armes nombreuses (épées). Essai de reconstitution d'un village lacustre.

C. Etablissements des plateaux. Objets isolés.

Les objets de cette catégorie proviennent des fouilles des établissements fortifiés de la plaine (par exemple de Windisch, en Argovie) ou des ateliers plus ou moins importants (comme la poterie de Rumlang) découverts en différents endroits du plateau suisse, et aussi de dépôts isolés ou de trésors enfouis (hache de Salez, etc.). Dans les contrées montagneuses, les objets isolés, trouvés dans les cols et passages, ne sont pas rares.

1. Sépultures de l'âge du bronze. Les objets exposés remontent en partie à l'âge de la pierre, comme la trouvaille de Oberwenigen-Schöfflisdorf. A l'âge du bronze proprement dit appartiennent les objets trouvés dans les tumuli de l'Altenberg, près Gossau et Weiach, de même que ceux provenant des sépultures (tombes plates ou tombes sphériques) de Glattfelden, Egg, Thalheim, Conthey (Valais), etc.

2. Tumuli du premier âge du fer (seconde partie de la salle, milieu), pour la plupart de la Suisse orientale. A côté des objets de fer, on remarque des poteries peintes dans quelques unes desquelles se trouvent des vestiges de repas ou les cendres des défunts, des vases de bronze, des ceintures de bronze et des plaques laminées de même métal; trouvailles de Bülach, Trüllikon, Dörflingen, Affoltern, Pfäffikon, Zollikon, etc.

3. Second âge du fer, période de la Tène. *Côté de la gare*, ancienne collection Vouga; prédominance des fibules et des épées; apparition des monnaies, imitations de types macédoniens ou gaulois.

4. Sépultures de l'âge du fer (troisième partie de la salle). Fouilles des cimetières de Castione, Cerenascia et Molinazzo-Arbedo (Tessin). Ces sépultures se rattachent à celles du nord de l'Italie et offrent de nombreux rapports avec celles des nécropoles de Bologne, Este, Golasecca et autres lieux.

A la seconde époque du fer se rattache encore une série de tombes (à l'extrémité de la salle), sépultures de guerriers, comme celle de Mandach, ou sépultures de femmes, comme celle de Horgen, qui renfermait une monnaie d'or. Les bracelets de verre et de jais y apparaissent. Des formes semblables se rencontrent dans les sépultures du Valais, principalement en ce qui concerne les gros bracelets de bronze décorés de cercles gravés. Les plus tardives de ces trouvailles remontent au second siècle avant l'ère chrétienne.

Epoque romaine.

Vitrine 54, diptyque du Consul Areobindus (vers 500 après J.-C.), avec représentation de combats d'animaux. Cassette à bijoux en ivoire, utilisée plus tard comme reliquaire. Bijoux d'or provenant de Lunnern (Zurich), bagues, épingles, colliers, poignées, fibules, boutons, broches, etc. **Vitrine 55,** vases en terre sigillée. *Près de là*, des meules, des amphores et des mortiers. **Vitrine 56,** urnes cinéraires, vases de cuisine. **Vitrine 57,** bronzes figurés, lampes en terre cuite. **Vitrine 58,** vases de bronze, verrerie. **Vitrine 59,** vases en terre sigillée. **Vit ine 60,** ustensiles de cuisine, vases en pierre ollaire, poids en terre cuite. **Vitrine 61,** garnitures de harnais, fers de chevaux, cloches, parties de serrures, reconstitutions de serrures romaines. *Près de là*, reconstitution d'une partie de toiture à l'aide de tuiles originales. **Vitrine 62,** garnitures et appliques. **Vitrine 63,** mobilier domestique, culinaire et rural.

Parois latérales, monuments sculptés et inscriptions, parties de colonnes, fragments d'autels; milliaire de Niederwyl près Gebensdorf (Argovie); inscriptions provenant du Lindenhof à Zurich, portant l'ancien nom de cette ville (Turicum); fragments d'architecture provenant de Windisch; fragment d'un autel trouvé à Seegräben (Zurich).

Plan en relief de la villa romaine de Pfäffikon (Lucerne).

Fragments d'un **pavement en mosaïque** trouvé dans la Suisse orientale.

Vitrines 64 et 65, armes et outils, casque de fer provenant de Port, près Nidau, fragment de plastron en fer provenant de Benken (Argovie).

Les Allémans, les Burgondes et les Lombards.

Vitrines 66, 67, 71 et 72, objets isolés et sépultures de la période allémanique provenant du canton de Zurich. **Vitrine 68**, objets isolés de la période allémanique provenant des cantons d'Argovie et de Thurgovie. **Vitrine 69**, objets isolés de la période allémanique provenant des cantons d'Argovie, de Soleure, de Bâle-Campagne et de St.-Gall. **Vitrine 70**, objets isolés de la période burgonde provenant des cantons de Fribourg, de Vaud et du Valais; objets isolés de la période lombarde provenant du Tessin. **Vitrine 73**, objets de l'époque carolingienne.

Moyen-Age et temps modernes.

Salle d'exposition.

Plafond historié, peint sur bois, représentant des scènes du nouveau testament, copie d'une partie du plafond de l'église de Zillis (Grisons), XIIIe siècle.

Vitrerie des fenêtres d'après des spécimens conservés à Notre-Dame de Valère à Sion, XIIIe siècle.

Vitraux. *1re fenêtre*, médaillon aux armes Dittlinger de Berne, fin du XVe siècle; saint Maurice à Cheval, provenant de l'église de Vercorens (Valais), milieu du XVe siècle; Christ enfant, commencement du XVIe siècle. *2e fenêtre*, couronnement d'une fenêtre, provenant de l'église d'Utzenstorf (Berne), 1522; médaillon aux armes de Berne, fin du XVe siècle; vitrail d'état de Lucerne, commencement du XVIe siècle. *3e fenêtre*, armes de Reinach, fin du XVe siècle; fragment avec les armes d'Autriche et de Hongrie, provenant du chœur de l'église de Gebensdorf (Argovie), 1438; agneau pascal, XVe siècle.

Loggia. Motif d'architecture emprunté au portail de l'ancienne église de Kaiserstuhl (Argovie), XIIIe siècle.

Fragments d'un autel portant l'arbre généalogique de saint Dominique, provenant probablement du couvent des Dominicaines de St.-Katharinenthal (Thurgovie), 1490.

Deux volets d'un retable (face intérieure) représentant l'adoration du Christ enfant et l'adoration des mages, provenant probablement d'Appenzell, 1504.

Toile peinte dite «Hungertuch» représentant des scènes de l'ancien testament, de la création de l'homme au déluge, et celles de la Passion du Christ, de l'entrée à Jérusalem à la résurrection, provenant de la chapelle de pèlerinage de Präsanz (Grisons), 1530.

Cloche provenant de l'église Saint-Pierre à Zurich, fondue, d'après l'inscription, en 1294.

Bois sculptés. Trois frises gothiques sculptées provenant du Valais, dont deux sont datées de 1451 et 1479. Collection de frises taillées et peintes de style gothique tardif, commencement du XVIᵉ siècle.

Carreaux de poêles. Collection de carreaux gothiques, de moules à carreaux et de poteries, XIVᵉ, XVᵉ et commencement du XVIᵉ siècle.

Couloir.

V

Arcatures, encadrements de portes et de fenêtres. Reconstitution d'après des fragments de briques en terre cuite provenant de l'ancienne abbaye cistercienne de St.-Urban (Lucerne), XIIIᵉ-XIVᵉ siècles.

Portes gothiques en bois sculpté, offrant des vestiges de leur ancienne décoration peinte, provenant de la maison Supersaxo à Sion, commencement du XVIᵉ siècle.

Garniture en fer forgé d'une porte gothique provenant de Zofingue, commencement du XVIᵉ siècle.

Deux **plaques de poêle** en fonte représentant, l'une, Pyrame et Thisbé, l'autre, saint Michel et l'enlèvement d'Amymone; cette dernière provient des ruines de Schenkenberg (Argovie); toutes deux sont du commencement du XVIᵉ siècle.

Vitraux (palier de l'escalier). Deux panneaux portant les figures de saint Fridolin et de saint Hilaire et les armes Tschudi, fondation du chroniqueur Gilg Tschudi et de ses frères à l'abbaye des Cisterciennes de Magdenau (St.-Gall), 1547.

Collection des briques de terre cuite.

VI

Plafond peint provenant de la salle capitulaire de l'ancienne abbaye cistercienne de Kappel sur l'Albis (Zurich), commencement du XVIᵉ siècle.

Vitraux. Médaillon représentant le Christ bénissant, XIIIᵉ ou XIVᵉ siècle; la Vierge et l'Enfant, provenant de l'église Saint-Jacques à Flums (Grisons), commencement du XIIIᵉ siècle; saint Vincent et deux donateurs, provenant du chœur de l'église de Pleif (Grisons), fin du XIVᵉ siècle.

Garniture de porte en fer forgé, provenant de Glis (Valais), commencement du XVIᵉ siècle.

Briques de terre cuite originales. *Etagère de droite*, haut, arc de porte provenant de l'hôtel «zum Raben» à Zofingue; bas, briques provenant de St.-Urban. *Etagère de gauche*, bas, carreaux provenant de Fraubrunnen; milieu, briques et fragments provenant d'Altbüron, Hägendorf, Wynau, St.-Urban et Langenthal; haut, briques et encadrements de fenêtre provenant de la chapelle de St.-Gall à Beromunster. *Etagère du fond*, premier et second rangs inférieurs, restes de deux portes provenant de St.-Urban; troisième, quatrième et cinquième rangs, parties de colonnettes, encadrements de fenêtres, etc., provenant de St.-Urban, Zofingue, Altbüron, Hägendorf et Langenthal, XIIIe—XIVe siècles.

Sculptures. Statuettes de bois des XIVe et XVe siècles; trois d'entre elles, placées au-dessus de l'entrée de la salle VII, proviennent d'une chapelle de Katzis (Grisons).

Loggia.

Plafond orné de frises taillées de style gothique tardif, provenant de l'ancienne abbaye cistercienne de Kappel sur l'Albis (Zurich), 1497.

Encadrement de porte. Reconstitution d'après des fragments de briques en terre cuite provenant de la chapelle de St.-Gall à Beromunster, XIIIe—XIVe siècles.

Encadrements de fenêtres. *A droite*, d'après des fragments de briques en terre cuite provenant de St.-Urban et de Zofingue; *à gauche*, d'après ceux de la chapelle de St.-Gall à Beromunster, XIIIe— XIVe siècles.

Sculpture. La Vierge et l'Enfant, statue en bois peint de style roman, provenant probablement de la cathédrale de Coire, XIIIe siècle.

Reconstitution d'une chambre de la maison « zum Loch » à Zurich, 1306 environ.

Plafond peint orné d'armoiries de chevaliers et de nobles de Zurich et des environs, de l'Argovie, de la Thurgovie et de la Rhétie, de serviteurs de l'abbé de St.-Gall, de barons et de comtes de la Suisse et de l'Allemagne du Sud, de princes des temps fabuleux et de hauts dynastes.

Frise peinte d'après celle de la maison « zum Grundstein » à Winterthour, représentant « l'histoire de la violette » fabliau du minnesænger Neidhart de Reuenthal, XIVe siècle.

Peintures du soubassement d'après celles de la chapelle du château de Berthoud, commencement du XIVe siècle.

Frise et décoration de l'embrasure de la fenêtre, d'après les peintures de la chapelle de St.-Gall à Ober-Stammheim, XIVe siècle.

Tableau (fortement retouché) représentant les membres de la famille de Schnabelburg-Eschenbach, fondateurs du couvent de Kappel (Zurich), provenant de l'église de ce monastère, 1434.

Fenêtre de style romand de transition, provenant de la maison «zur heiligen Kathrina» à Zurich.

Vitraux. Deux médaillons héraldiques provenant de l'abbaye de la Fille-Dieu à Romont, XVe siècle.

Cheminée formée de fragments originaux provenant de la maison «zum Loch»; la peinture d'après des motifs tirés du recueil de chansons manuscrit de Rudiger Manesse, XIVe siècle.

Coffre de mariage de style gothique tardif, aux armes des parents du chroniqueur Gilg Tschudi, XVe siècle.

Monuments héraldiques. *Petite vitrine*, armorial dit «Wappenrolle» de Zurich, XIVe siècle; souliers de l'abbesse du Fraumunster de Zurich, Hildegarde, fille de Louis le Germanique, † 859; ivoires sculptés, fragments de tissus; cassettes en cuir de style gothique tardif.

Grande vitrine, cassette à bijoux ou coffret de mariage provenant d'Attinghausen (Uri), commencement du XIIIe siècle; écu du chevalier Arnold de Brienz (1180—1225), fondateur du couvent des Lazarites de Seedorf (Uri); coffret de mariage orné de sujets empruntés à la vie des chevaliers, provenant de Constance, 1340; coffrets de mariages; coffrets héraldiques; bourses en soie tissée provenant du Valais; bases de chandeliers romands provenant de Rheinau et de Bremgarten.

Passage.

VIII   **Peintures du plafond** d'après celles du manoir de a Pro (Uri), XVIe siècle.

Portique gothique en stuc provenant de la maison Supersaxo à Glis (Valais), 1479.

Porte gothique en bois sculpté de la salle du conseil de Mellingen, décorée des armoiries de cette ville, 1467.

Dallage en carreaux vernissés provenant de la sacristie de la Collégiale de Zurich, 1503.

Meubles. Armoire décorée d'ornements gothiques et de la première renaissance, provenant d'Elgg (Zurich), 1523; armoire de la première renaissance, provenant du canton de Thurgovie.

Sculptures. Grand crucifix, XVIe siècle; statuettes et bas-reliefs en bois de style gothique tardif; saint Christophe, provenant de l'église de l'abbaye de Muri; saint Georges, provenant de Laufenbourg.

Chapelle gothique.

Pavement en carreaux vernissés de l'église de Königsfelden (fac-simile), XIVe siècle.

Peinture des voûtes d'après celles de l'ossuaire de Schwyz, XVIe siècle.

Sculptures sur pierre. *A droite,* porte et niche formées de fragments gothiques provenant de la maison «zur heiligen Kathrina» à Zurich, et ayant probablement fait partie jadis d'un monument funéraire de la Collégiale; la porte est datée de 1485. *A gauche,* reproduction de la porte gothique d'une maison de la Kappelergasse, à Zurich, commencement du XVIᵉ siècle.

Vitraux provenant de l'église de Maschwanden (Zurich), commencement du XVIᵉ siècle. *Fenêtres de gauche,* 1, st. Léger avec les armes de Lucerne; 2, st. Conrad et st. Pélage, patrons de l'évêché de Constance; 3—4, st. Félix, ste. Regula et st. Exupère, patrons de Zurich, apportant au Christ l'offrande de leurs têtes coupées, 1506. *Fenêtres de droite,* 5—6, st. Martin à cheval avec les armes d'Uri; 7 (pendant du nᵒ 2), armes de l'évêque de Constance, Hugo de Hohenlandenberg (1496—1532); 8 (pendant du nᵒ 1), st. Maurice avec les armes de Lucerne.

Autels. *Maître-autel,* retable sculpté et peint, de style gothique tardif, portant, au centre, les figures des trois Marie, à gauche celles de st. Joseph et de ste. Anne avec la Vierge enfant, à droite celles de Zacharie et d'Elisabeth avec Jean-Baptiste enfant, œuvre de «Matheis Miller Maller zu Lindaw», provenant de l'église de Lavertezzo-Verzasca (Tessin), 1502; antependium tissé représentant l'adoration du Christ enfant par st. Benoît, st. Bernard et les donateurs, provenant de l'ancienne abbaye des Cisterciennes de Rathausen (Lucerne), 1600. *Autels latéraux, à gauche,* retable sculpté de style gothique tardif provenant de l'église collégiale de Biasca, commencement du XVIᵉ siècle (prédelle formée d'anciens fragments sculptés de la même époque); antependium représentant le Christ à la Montagne des Oliviers et la résurrection, fin du XVᵉ siècle. *A droite,* retable de la première renaissance représentant l'adoration des mages et, sur les volets, st. Roch et st. Sébastien, fondé par l'abbé de St.-Gall, Diethelm Blarer de Wartensee (1530—1564), Hans-Jacob Blarer, Apolonie de Sirgenstein et d'autres membres de la même famille.

Petit autel gothique avec les figures de ste. Anne portant la Vierge et le Christ, de st. Jean l'évangeliste et de st. Eloi; sur la face postérieure le symbole de la nouvelle Alliance; provenant de la chapelle de l'ossuaire de Sisikon (Uri), fin du XVᵉ siècle.

Ecussons et drapeaux funéraires (les drapeaux originaux se trouvent dans la Salle des armes) provenant de l'église de l'abbaye de Rüti; *à gauche,* ceux du seigneur Pierre de Rarogne, 1479, et du comte Walraf de Thierstein; *à droite,* ceux du baron Leuthold de Regensberg, fondateur du couvent, mort en 1218 (fac-simile), et du dernier comte de Toggenbourg, Frédéric VII, 1436.

Panneau funéraire en bois peint du baron Gottfried de Zimmern, † 1508, provenant de la Thurgovie.

Bas-reliefs en bronze de pierres tombales de la famille de Muntprat et d'autres familles, provenant de l'église de Lomnis (Thurgovie), 1500—1538.

Le Christ monté sur un âne entrant à Jérusalem le jour des rameaux, deux statues en bois peint, provenant, l'une, de l'ossuaire de Steinen, fin du XIIIᵉ siècle, l'autre, de Mellingen, XVIIᵉ siècle.

Sculptures. Fragments d'autel peint du commencement du XVIᵉ siècle; vierge noire d'Einsiedeln, provenant du château de Freudenfels, près Eschenz, milieu du XVᵉ siècle.

Galerie sous le cloître.

IX   **Pavement en carreaux vernissés** de la «Winterabtei» de l'ancienne abbaye cistercienne de Wettingen (fac-simile), XVIᵉ siècle.

Plafond à rosaces peintes provenant du «Mittlerhof» à Stein-sur-le-Rhin, commencement du XVIᵉ siècle.

Escalier de bois formé de fragments provenant de l'abbaye de Munster (Grisons), XVIᵉ siècle, et d'un panneau aux armes Peyer de Freudenfels et Blarer de Wartensee, appartenant au plafond.

Couvercle du sarcophage de la princesse Elisabeth de Hongrie, belle-fille de la reine Agnès, morte en 1337 au couvent de Töss, près Winterthour, provenant de l'église dudit lieu.

Pierres tombales de Diethelm de Toggenbourg, provenant de la commanderie de Bubikon, milieu du XVᵉ siècle (sous l'escalier); de Jean de Felga, provenant de l'abbaye de Hauterive (Fribourg), 1325 (fac-simile); d'un noble de la famille de Klingen, provenant de l'abbaye de Feldbach, près de Steckborn, fin du XIVᵉ siècle; du baron Bernard Gradner, provenant de l'église d'Eglisau, 1489 (fac-simile); du curé Jean Keller de Felben, provenant de l'église de Mettmenstetten (Zurich), 1499.

Vitraux. *Première fenêtre*, 1, armes de l'abbé de St.-Gall, Diethelm Blarer (1530—1564), provenant du manoir de Wiggen, près Rorschach, 1551; 2, donateur agenouillé conduit par st. Christophe devant le Crucifix; 3, armes du duc de Savoie, Charles III (1486—1553), 1519; 4 (pendant du précédent), le duc Charles III agenouillé devant la ste. Vierge, et son patron, Charlemagne; ces trois derniers provenant du réfectoire de l'ancien couvent des Augustins de Zurich. *2ᵉ fenêtre*, 1, banneret de Schwytz, 1507; 2, armes de l'évêque de Constance, Hugo de Hohenlandenberg, 1521; 3, armes du chevalier Albert de Breitenlandenberg, provenant du «Mittlerhof» à Stein-sur-le-Rhin, vers 1520; 4, armes de l'abbé de Kreuzlingen, Pierre Iᵉʳ Babenberg (1498—1545), 1521. *3ᵉ fenêtre*, 1, armes de Zurich, provenant de l'église de Maschwanden, 1506; 2—4, Mucius Scevola, Judith et Titus Manlius

Torquatus avec les armoiries des treize anciens Cantons, provenant du réfectoire de l'ancien couvent des Augustins de Zurich, 1519.

Trésor.

Couloir. Pierres tombales. *A gauche*, 1, pierre tombale d'un chanoine, provenant de l'église de Schönenwerd, 1472; 2, fragments d'une pierre tombale à l'effigie d'un chevalier de l'ordre de St.-Jean, provenant de l'église de Kusnacht, 1375. *A droite*, 1—2, pierres tombales de chevaliers de l'ordre de St.-Jean, Rodolphe de Landenberg, XVe siècle, et Rodolphe Mülner, 1406, provenant de l'église de Kusnacht.

*) **Trésor. Crypte** de style romand où seront exposés les objets suivants: Orfèvrerie civile et religieuse, coupes de corporations, etc. Bijoux et souvenirs historiques; chaîne du bourguemestre Hans Waldmann, XVe siècle; coupe de l'antistes Bullinger, don de la reine Elisabeth d'Angleterre, 1560; coupe donnée par les capitaines suisses au colonel Louis Pfyffer, en souvenir de ses campagnes en France, de 1567 à 1569; coupe du réformateur Zwingli; choix de monnaies et de médailles rares.

Séries spéciales.

A droite, 1e **salle**, traineaux de courses, selles et harnais; jougs, cloches de vaches, etc.

2e **salle**, traineaux de courses des XVIIe et XVIIIe siècles; enseignes d'hôtellerie; colliers de chevaux.

3e **salle**, traineaux, litières à mulets et chaises à porteurs.

A gauche, 1e **salle**, pompes à incendie provenant de Zurich, 1787 et 1788, engins de sauvetage; char à bancs, 1810; colonnes gothiques provenant de l'église de Kusnacht, 1524.

2e **salle**, supports et traverses du grand tonneau de l'ancienne chartreuse d'Ittingen (Thurgovie), 1745, et autres supports provenant de l'ancienne abbaye de Muri, XVIIe siècle; buffet de cuisine provenant de la maison Hunger, à Rapperswyl, XVIe siècle; vases d'étain; établi de menuisier sculpté, provenant des Grisons.

Couloir. Pierres tombales du grand-maître de l'ordre de St.-Jean, Hugo II de Werdenberg, et de deux membres de la famille Biber (?), provenant de l'église de Kusnacht, XIVe siècle.

Cercueils de pestiférés provenant de Schlattingen et de Stans.

Chambre de torture. Glaives de justice, provenant de Zurich, XVIIe et XVIIIe siècles, manteau de bourreau, instruments de torture.

---

*) Au moment où paraît la première édition de ce guide, la salle du trésor n'a pas encore été installée, sa remise à la direction, par l'architecte chargé de la construction de l'édifice, n'ayant été effectuée qu'après l'ouverture du Musée. Il n'a, par conséquent, pas été possible d'indiquer d'une façon plus précise les objets qui seront renfermés dans cette salle.

Salle du conseil de Mellingen,

XIV construite, d'après une inscription de la poutrelle médiane du plafond, par Uli-Hans Widerkehr, maître-ouvrier de la ville, 1467.

Poêle en carreaux à relief, provenant de Coire, XVIIe siècle.

Meubles. Coffres gothiques et armoire, provenant du canton de Thurgovie.

Vitraux d'état aux armes de l'Empire et des huit Cantons primitifs de la Confédération, des dix premières années du XVIe siècle, sauf celui de Glaris, qui a été peint en 1550, probablement par Charles d'Egeri.

Glaive de justice de Mellingen, provenant de l'hôtel de ville de ce lieu, fin du XVe siècle.

Cloître.

XV **Plafond** gothique peint, aux armes de l'évêque de Coire, Henri VI de Heven et de nobles grisons, provenant de la chapelle de St.-Sébastien à Igels (Grisons), 1495.

Arcatures, *côté de la cour*, provenant du cloître de l'ancien couvent des Dominicains de Zurich, style de transition-du milieu du XIIIe siècle.

Fenêtres gothiques à meneaux provenant du cloître de l'ancien couvent des Cordeliers de Zurich, XVe siècle.

Vitraux. 1, armes du duc de Milan, Maximilien Sforza, vers 1513. 2, armes de l'évêque de Sion, plus tard cardinal, Matthieu Schinner, 1500. 3, personnage avec les armes des familles Chevron-Villette et Tavel, provenant de l'église de Vercorens (Valais), fin du XVe siècle. 4—5, personnages avec les armes du dizain de Rarogne (Valais), commencement du XVIe siècle. 6, personnage avec les armoiries Asperling de Rarogne, provenant du Valais, fin du XVe siècle. 7, personnage avec les armoiries du grand-maître de l'ordre de St.-Jean, Jean Hegenzi de Wasserstolz, provenant de l'église de Wald (Zurich), 1508. 8, pendant du précédent, st. Jean, patron du personnage susdit. 9—10, le couronnement de la Vierge et la passion du Christ, avec les armoiries des Cantons souverains de la Thurgovie, provenant de Frauenfeld, 1517. 11, st. Felix, patron de Zurich, provenant de l'église de Wald, vers 1508. 12, armoiries de l'abbé d'Einsiedeln, Conrad de Hohenrechberg, 1508. 13, st. Barthélemi et ste. Marguerite, provenant de l'église de Wald, vers 1508. 14, personnage avec les armoiries du grand-maître de l'ordre de St.-Jean, le comte Rodolphe de Werdenberg-Albeck, provenant de l'église de Kusnacht, fin du XVe siècle. 15, ste. Agathe, provenant de l'église de Kusnacht, 1498. 16, personnage avec les armoiries du commandeur de l'ordre de St.-Jean, André Gubelmann, provenant de l'église de Kusnacht, 1498. 17, vitrail d'état de Zoug, 1511. 18, armoiries de Rottweil (Forêt-Noire), ville alliée de l'ancienne Confédération, commencement du XVIe siècle.

Porte gothique en mélèze, aux armes de l'abbesse Angelina Planta (1480—1509), provenant de l'abbaye des Bénédictines de Munster (Grisons).

Volets de retable (face postérieure), avec les figures de st. Martin et de st. Georges, provenant probablement d'un autel d'Appenzell, 1504.

Volet de retable (près de l'arcade de l'escalier) représentant l'Annonciation (face extérieure) et st. Georges combattant le dragon. (face intérieure), provenant d'Arth, XVe siècle.

Statuettes (dans les arcatures au-dessus de l'escalier). La Vierge et l'Enfant, figure en terre cuite peinte provenant d'Ermatingen (Thurgovie), commencement du XVIe siècle; le Christ-roi assis, provenant de l'église St.-Oswald à Zoug, commencement du XVIe siècle; statuettes diverses de style gothique tardif.

Bois sculptés. Frises gothiques avec inscriptions, 1494, 1495 et 1497.

Chambres gothiques provenant de l'ancienne abbaye du Fraumunster à Zurich.

Chambre aux armes de Helfenstein, 1489; mobilier contemporain. XVI

Poêle en carreaux à relief, provenant de l'ancienne maison Hunger, à Rapperswyl, milieu du XVIe siècle.

Vitraux provenant de l'ancienne prévôté de la Collégiale de Zurich, 1495; 1, Charlemagne, fondateur de l'école de la Collégiale; 2, armoiries du junker Antoine Schenk de Landegg à Zurich; 3, armoiries de l'abbé de Muri, Jean Ier Hagnauer, de Zurich (1480—1500); 4, armoiries de l'évêque de Sion, Jost de Silenen (1482—1497).

Chambre gothique décorée de frises taillées et peintes, construite XVII sous la dernière abbesse, Catherine de Zimmern (1496—1524), 1507; mobilier contemporain.

Poêle en carreaux à relief représentant des scènes de l'histoire sainte, œuvre du poêlier Hans Berman, provenant de Schattdorf (Uri), 1562 (restauré).

Retable sculpté et peint, portant le monogramme A. H., provenant de l'église paroissiale de Unterschächen (Uri), 1521.

Coffre de style gothique tardif, provenant de Bremgarten, commencement du XVIe siècle.

Toile brodée représentant la légende de la fondation du Fraumunster par Hildegarde et Berthe, filles du roi Louis le Germanique, 1539.

Lustre gothique décoré d'un buste de femme, provenant de la maison de Georges Supersaxo à Sion, XVe siècle.

Volets de retable représentant la vision de st. Jean l'évangéliste et st. Jean devant l'empereur Domitien, peinture de Hans Fries, de Fribourg, commencement du XVI° siècle.

Vitraux. *Première fenêtre*, st. Laurent, provenant d'une église du Valais; la Vierge et l'Enfant provenant du couvent de la Fille-Dieu à Romont; st. Vincent, provenant de l'église de Ried (Bern). *2e fenêtre*, armes du bourguemestre de Schaffhouse, Hans-Conrad de Waldkirch, 1498; médaillon aux armes Hegenzi de Wasserstelz; médaillon aux armes de l'ancienne abbaye cistercienne de Kappel (Zurich), provenant de l'église d'Ottenbach, vers 1520. *3e fenêtre*, médaillon aux armes de l'abbé de Kreuzlingen, Pierre Ier Babenberg (1498—1545), provenant de l'église d'Aawangen (Thurgovie), 1513; vitrail d'état de Zoug, provenant de l'église d'Ottenbach, vers 1520; armoiries de la famille Hagnauer de Zurich, provenant de l'ancienne prévôté de la Collégiale, 1495.

XVIII   **Salle gothique.** La frise au-dessus de la porte conduisant à la salle précédente renferme les armoiries des parents de l'abbesse Catherine, le baron Jean Werner de Zimmern et la comtesse Marguerite d'Œtingen.

Poêle en carreaux à relief avec représentation des âges de la vie, provenant de Coire, XVII° siècle.

Panneaux peints. Deux vues de Zurich (fragment d'un retable représentant le martyre des saints patrons de la ville, provenant de la Collégiale) peintes entre 1492 et 1512. *Côté du parc*, deux petits volets représentant st. Heraclius (face extérieure) et st. Médard (face intérieure), ste. Hélène (face extérieure) et un évêque indéterminé (face intérieure), commencement du XVI° siècle. *Côté de la loggia*, deux petits volets sculptés représentant st. Antoine et st. Pierre, st. Etienne et st. George et, sur la face postérieure, l'annonciation, provenant de Bellinzone, fin du XV° siècle. *Près du poêle*, le martyre des saints patrons de Zurich, provenant de la Wasserkirche, commencement du XVI° siècle. *Paroi du côté de la galerie*, st. Georges terrassant le dragon, fin du XV° siècle; le Christ aux sept plaies, tableau votif, XV° siècle; la vie de st. Bernard, provenant de l'abbaye de Rheinau, XV° siècle.

Meubles. Coffre peint provenant de Mellingen, commencement du XVI° siècle; armoire de sacristie provenant de la chapelle de St.-Sébastien à Igels (Valais), 1495.

Vitraux. *Première fenêtre*, armes de l'abbaye de Reichenau, 1504; armes de l'abbé de Rheinau, Henri VIII de Mandach (1497—1529), provenant de l'église de Buchberg (Schaffhouse), 1507. *2e fenêtre*, femmes tenant les armes de Martin de Randegg et de Hans de Rumlang, provenant de l'église de Läufelfingen (Bâle-Compagne), 1501 et 1502. *3e fenêtre*, armoiries de l'abbé d'Einsiedeln, Conrad III de

Hohenrechberg (1480—1526); armoiries du dernier abbé de Rüti, Felix Klauser, de Zurich (1504—1525). *4e fenêtre*, st. Pierre et st. Paul accompagnant les armoiries du prévôt d'Œningen, Conrad Ruop, 1520; armoiries indéterminées supportées par une femme, 1500. *5e fenêtre*, armoiries de Werner Steiner, protonotaire de Zoug, accompagnées de st. Michel et de la croix de Jérusalem, 1530; st. Nicolas avec les armes de Jacob de Aspach, 1512.

Galerie.

Poutrelles du plafond exécutées d'après celles de la maison «zur Haue» à Zurich, commencement du XVIe siècle.

Frises du plafond, avec inscriptions, de style gothique tardif, provenant de l'ancienne abbaye du Fraumunster à Zurich, 1508.

Plafond peint avec ornements taillés, de style gothique tardif, provenant de l'église de Lindau près Effretikon, 1517.

Dessus de porte aux armes du baron Jean Werner de Zimmern († 1495) et de la comtesse Marguerite d'Œtingen, parents de l'abbesse Catherine de Zimmern, provenant de l'ancienne abbaye du Fraumunster à Zurich, 1507.

Meubles. Partie antérieure d'une grande armoire de style gothique tardif, aux armes de Hohenlandenberg et de Hünenberg (Iberg ?), provenant de la maison Hunger à Rapperswyl, 1503. Deux armoires gothiques peintes provenant de la sacristie de la Collégiale de Zurich, milieu du XVe siècle. Armoire sculptée et peinte de style gothique tardif (restaurée), provenant des Grisons, commencement du XVIe siècle. Coffres gothiques, commencement du XVIe siècle.

Tableaux. Volets de retable du commencement du XVIe siècle: 1, la visitation (face antérieure) et la résurrection du Christ (face postérieure); 2, st. Jacques et st. Benoît; 3, st. Philippe. *Paroi latérale*, l'adoration des mages (face antérieure), la mort de la Vierge (face postérieure), provenant de l'église d'Ægeri (Zoug), fin du XVe siècle. *Paroi contre la loggia, à gauche, en haut*, le martyre des 10,000 chevaliers; st. Eloi; le couronnement de la Vierge; *au bas*, les patrons de Zurich présentant au Christ l'offrande de leurs têtes coupées, 1506; ste. Barbe, st. Jérôme et ste. Agnès; ste. Marie-Madeleine et st. Jean Baptiste dans un paysage, 1506, provenant probablement de la Collégiale de Zurich. *Au-dessus de la porte de la Loggia*, le Christ et ste. Véronique, avec le monogramme du peintre Hans Leu, de Zurich († 1531), provenant de l'abbaye de Rheinau; *en haut*, st. Sébastien et st. Léonard; st. Jacques le Majeur et st. Antoine ermite; st. Erasme et un évêque indéterminé; ste. Agathe et ste. Agnès, fin du XVe siècle; *au bas*, la flagellation, le portement de croix, commencement du XVIe siècle, provenant de la Collégiale de Zurich. *Paroi* *latérale*, l'adoration du Christ enfant (face antérieure), l'annonciation (face postérieure), provenant de l'église d'Ægeri (Zoug), fin du XVᵉ siècle.

Vitraux. *Première fenêtre*, vitraux d'état de Lucerne, commencement du XVIᵉ siècle, de Schwyz, 1540, et de Zurich, 1561. *2ᵉ fenêtre*, armoiries du chef de bandes Ulrich de Hohensax († 1538); vitraux d'état de Fribourg et d'Uri, commencement du XVIᵉ siècle. *3ᵉ fenêtre*, armes de Mülinen et de Hallwyl, 1525, probablement d'après un dessin de Nicolas Manuel; vitraux d'état de Bâle et de Soleure, commencement du XVIᵉ siècle. *4ᵉ fenêtre*, banneret d'Elgg (Zurich) portant la bannière donnée en 1512 par le pape Jules II; vitraux d'état d'Appenzell et de Schaffhouse, commencement du XVIᵉ siècle. *5ᵉ fenêtre*, armes de Hallwyl et de Landenberg, 1525; armes de la ville de St.-Gall et de l'abbé Franz Gaisberger, de Constance (1504—1529), commencement du XVIᵉ siècle. *6ᵉ fenêtre*, vitrail d'état de Zoug, XVIᵉ siècle; armes de la Ligue grise et de la Ligue de la Maison-Dieu (Grisons), 1548, par le peintre Charles d'Egeri de Zurich.

Loggia.

XX — Reproduction du **plafond peint** de style renaissance de la «Casa de' negromanti» à Locarno, commencement du XVIᵉ siècle.

Porte avec décoration taillée de style gothique tardif, provenant de l'ancienne abbaye du Fraumunster à Zurich, commencement du XVIᵉ siècle.

Galerie.

XXI — **Plafonds.** Plafond orné de rosaces peintes, de style gothique tardif, provenant d'Arbon, commencement du XVIᵉ siècle. Frise de plafond avec inscription, provenant de l'église de Hedingen (Zurich), 1514. Plafond à poutrelles de style gothique tardif, provenant de la maison «zur goldenen Gilge» à Zurich, commencement du XVIᵉ siècle.

Meubles. Grande armoire de style gothique tardif, œuvre de «Maister Peter Vischer zu Stain», provenant de la sacristie de l'église de Gachnang (Thurgovie), 1507. Armoire de style renaissance aux armes Schenk de Castel et Blarer, provenant du château de Mammertshofen, commencement du XVIᵉ siècle. Tables et coffres gothiques, XVᵉ et XVIᵉ siècles.

Vitraux. *Première fenêtre*, en haut, à gauche, vitrail d'état de Zurich, 1568; à droite, armes de la famille Schwarzmurer, de Zurich, éteinte avant 1530; au bas, à gauche, médaillon des baillages zuricois, 1544; à droite, médaillon aux armes d'Antoine d'Erlach et de son épouse Laysen de Hertenstein, vers 1540; à gauche, médaillons aux armes de Burkhart Wirz, d'Uerikon, 1542, et de Jakob Krieg, de Bellikon et de son épouse Madeleine Hösch, 1542; à droite, médaillons aux armes de Hans de Hinwil, d'Elgg et de son épouse Beatrice de

Schweizerisches Landesmuseum in Zürich.

Musée national Suisse à Zurich.

Thüreinfassung aus Reproduktionen von St. Urban-Backsteinen,
Ende 13. Jahrh.

Reconstruction d'arcatures en briques de St-Urban (Lucerne),
Fin du 13° siècle.

Rekonstruktion eines Zimmers aus dem Hause «zum Loch» in Zürich
von c. 1306.

Reconstruction d'une chambre de la maison «zum Loch» à Zürich
(vers 1306).

Vorhalle der gotischen Kapelle mit Blick in den Kreuzgang.

Vestibule de la chapelle gothique et coup d'œil sur le cloître.

Grosser Gobelin mit Darstellung des Bündnisses zwischen Ludwig XIV. von
Frankreich und den Gesandten der Eidgenossen in der Nôtre-Dame zu Paris
am 18. November 1663.

Grand Gobelin avec représentation de l'alliance entre Louis XIV de France
et les ambassadeurs suisses à Nôtre-Dame à Paris le 18 Novembre 1663.

Gotisches Zimmer aus der ehemaligen Fraumünsterabtei in Zürich
vom Jahre 1489.

Chambre gothique provenant de l'ancienne abbaye de Fraumünster
à Zürich, de l'année 1489.

Zimmer aus der ehemaligen Fraumünsterabtei in Zürich vom Jahre 1507.

Chambre provenant de l'ancienne abbaye de Fraumünster à Zurich,
de l'année 1507.

Loggia mit Kassettendecke nach dem Original in der Casa de'negromanti
in Locarno. Anfang 16. Jahrh.

Loggia avec plafond à caissons peint d'après la « Casa de'negromanti »
à Locarno. Comm' du 16e siècle.

Schlafzimmerchen aus dem Schlösschen Wiggen bei Rorschach vom Jahre 1582.

Chambre à coucher provenant du petit château de Wiggen près Rorschach
de 1582.

Saal mit Medaillondecke aus dem Schlosse zu Arbon, von 1515.

Salle avec plafond à caissons polygones provenant du château d'Arbon de 1515.

Zimmer aus der Casa Pestalozzi in Chiavenna von 1585

Chambre provenant de la maison Pestalozzi à Chiavenna de 1585.

Zimmer aus der «Rosenburg» in Stans mit farbigem Ofen von 1566.

Chambre provenant de la «Rosenburg» à Stans, avec poêle polychrome de 1566.

Zimmer aus dem Seidenhofe in Zürich mit Ofen von 1620.

Chambre provenant du «Seidenhof» à Zurich, avec poêle de 1620.

Rococozimmer mit der Sammlung von altem Zürcher Porzellan, 18. Jahrh.

Chambre rococo avec la collection des anciennes porcelaines de Zurich, 18e siècle.

Partie aus dem Kabinett für die Winterthurer Majoliken des 16. und
17. Jahrhunderts.

Portion du cabinet des faïences de Winterthur des 16e et 17e siècles.

Waffenhalle.

Salle des armes.

Hohenlandenberg, vers 1540, et des Meiss et Breitenlandenberg, vers 1540. *2e fenêtre*, en haut, à gauche, armes de l'abbé de Wettingen, Jean VI Schnewli, d'Altstetten (1531—1539); à droite, armes de Hans Henri de Liebenfels et de Sibylle Reichlin de Meldegg, 1574; au bas, à gauche, Susanne au bain, avec les armes de Lienhard Holzhalb, 1534; à droite, armes des Geissberger, provenant du château d'Andelfingen, commencement du XVIe siècle. *3e fenêtre*, en haut, à gauche, un couple avec les armes de Jacob Ziegler, 1536; à droite, le siège de Béthulie et le festin d'Hérode avec les armes Pfenninger, 1536; au bas, à gauche, l'empereur Henri et ste. Barbe, avec les armes des comtes de Nellenburg et de la ville de Schaffhouse, 1529; à droite, Salomon et la reine de Saba, avec les armoiries de la ville de Schaffhouse et du dernier abbé du couvent bénédictin de Tous-les-Saints, Michel Eggenstorfer, de Constance (1501—1524, † 1552). *4e fenêtre*, en haut, à gauche, la ste. Vierge et st. Barthélemi, à droite, st. Jacques et ste. Barbe, tous deux avec armoiries indéterminées; au bas, à gauche, armes de Stoffel Effinger et de Marguerite Mundprat, 1540; à droite, armes d'Augustin de Luternau et de Salomé de Diessbach, 1540.

Tableaux. *Contre la salle XX*, à gauche, partie centrale d'un retable représentant la crucifixion, commencement du XVIe siècle; st. Bernard et ste. Elisabeth, provenant d'un couvent cistercien, commencement du XVIe siècle; *à droite, près de l'escalier*, st. Jacques le Majeur, st. Théodule, ste. Catherine et ste. Marguerite, provenant du Haut-Valais, commencement du XVIe siècle. *Dans l'angle, du côté de la cour*, st. Maurice et la légion thébaine (face antérieure), ste. Marguerite, st. Nicolas de Bari, st. Onuphre et st. Martin (face intérieure), la plus ancienne peinture conservée de Hans Leu, de Zurich. *Contre le pilier*, st. Pierre et st. Paul, provenant de la Collégiale de Zurich, commencement du XVIe siècle; *au-dessus de la porte sculptée*, st. Eloi, commencement du XVIe siècle.

Vitrine. Sculptures sur bois de style gothique, cassettes à bijoux, etc.

Pharmacie.

Encadrement de porte avec représentation sculptée de l'adoration des mages et les figures de st. Fridolin et de st. Anne portant la Vierge et le Christ, provenant d'Ingenbohl (Schwyz), 1565. XXII

Mobilier provenant de la pharmacie de l'ancienne abbaye bénédictine de Muri, au temps de l'abbé Gerold Heim (1723—1751), avec inventaire allant du XVIIe au commencement du XIXe siècle.

Poêle à tour en faïence, portant le monogramme du potier Hans XXIII Caspar Müller, de Zofingue, provenant du château de Schöftland (Argovie), 1694.

Escalier. Statue en bois peint représentant Barthélemi Käufeler, maitre charpentier de la ville de Zurich, 1564.

Porte de style renaissance, provenant de la bibliothèque du château de Vufflens (Vaud), commencement du XVIe siècle.

Statue de marbre représentant la Vierge et l'Enfant, travail italien provenant de la maison «zum weissen Fräulein» à Zurich, commencement du XVIe siècle.

Salle d'Arbon — (tapis et broderies).

Plafond à médaillons sculptés, de style gothique tardif, aux armes de l'Empire, du pape Jules II, de l'évêque de Constance, Hugo de Hohenlandenberg (1496—1532) et de ses ancêtres, accompagnées de bustes d'apôtres, provenant du château d'Arbon, 1515.

Pavement en carreaux émaillés, reproduction de celui du «Vieux Casino» à Lucerne, fin du XVIe siècle.

Tapis et broderies. *Paroi au-dessus de l'escalier,* au centre, 1, grand tapis brodé représentant Salomon et la reine de Saba, Samson et Dalila, David et Bethsabée, Judith, Virgile, 1522; à gauche, tapis représentant des scènes de chevalerie, avec les armes du bourguemestre de Zurich de Cham et de son épouse Agnès Zoller, 1528. A droite, tapis de laine aux armes Hinwyl et Rotenstein, provenant de Coire, 1528. En haut, au centre, antependium tissé avec représentation symbolique du jardin de la Vierge, provenant de la chapelle de la Sainte-Croix à Lachen, 1480; à gauche, fragment de tapisserie orné de figures allégoriques, XVe siècle; à droite, tapisserie ornée de trois oiseaux héraldiques, XVe siècle. *A gauche de la porte de la salle XXX,* en haut, broderie représentant l'adoration des mages, commencement du XVIe siècle; au bas, broderie représentant l'histoire de Tobie avec les armes des familles Peyer et Zollikofer, vers 1600; broderie de laine représentant Moïse sauvé des eaux, provenant de Zurich, fin du XVIe siècle.

Vitrines. Broderies de laine et autres, XVIe siècle.

Vitraux. *En commençant vers l'entrée de la salle XXIV, première fenêtre,* armes de Hans Wirz, 1532 et de Max Schulthess, 1530. *2e fenêtre,* série de vitraux à figures — la plupart d'après la «petite passion» d'Albert Dürer — peints par Nicolas Bluntschli, de Zurich, provenant du cloître de l'abbaye de Tänikon (Thurgovie): le Christ au temple, avec les armes de l'abbesse de Feldbach, Afra Schmid, 1559; le Christ et la Samaritaine, avec les armes de Béatrice de Grüt, 1558. *3e fenêtre,* le Christ prend congé de sa mère, avec les armes de Ulm et de Hinwyl, 1559; le Christ à la Montagne des Oliviers, avec les armes de Gaspard-Louis de Haidenheim et d'Elisabeth Riehlin de Meldeck, 1559. *4e fenêtre,* en haut, armes de l'Empire et de Zurich, provenant de l'église d'Elgg, commencement du XVI° siècle; au bas, le Christ prisonnier avec les armoiries de Christophe de Kastelmur et d'Amenlya de Ramschwag; le Christ devant Anne, avec les armes de Zoug, 1559; *5e fenêtre*, le Christ devant Hérode, avec les armes de Balthasar Tschudi de Glaris, 1558; Pilate se lavant les mains, avec les armes de Sébastien de Hohenlandenberg et de Madeleine Blarer, 1559; **6e fenêtre**, le portement de Croix, avec les armes de Véronique Schwarzmurer de Zurich, 1558; st. Michel et st. Oswald, patrons de Zoug, 1558. *7e fenêtre*, armes de l'abbé de Wettingen, Jean V Müller (1486—1521); armes de Rordorf, commencement du XVI° siècle.

Dessus de table peint par Hans Holbein, 1514. Table avec dessus orné de marqueterie, 1570.

Petite chambre valaisanne.

Fragments d'une **boiserie** sculptée et d'un **plafond** de style gothique **XXIV** tardif, provenant du Bas-Valais, XV° siècle.

Crédence gothique et dais d'un meuble de même style avec figures d'Adam et d'Eve, provenant de Genève, fin du XV° siècle.

Vitraux d'état de Berne et de Fribourg, commencement du XVI° siècle.

Chambre provenant de l'ancien couvent des Dominicaines d'Œtenbach XXV à Zurich,

décorée de sculptures, 1521.

Vitraux. *Première fenêtre*, armes de Henri Escher, bailli de Greifensee († à la bataille de Cappel en 1531); armes de la famille Michel de Schwertschwende; armes de la société de tir de la Ville de Zurich, tous trois du commencement du XVI° siècle. *2e fenêtre*, Susanne et les vieillards avec les armoiries de Cham et de Rôust, 1530; la tentation de Joseph avec les armoiries de Ours et Hans Hab (le premier tué à Cappel, le second bourguemestre de Zurich en 1542), 1530.

Poêle à carreaux en relief, provenant de Langenthal, 1638.

Coffres, commencement et milieu du XVI° siècle.

Broderies en couleur, XVII° siècle; collection de modèles, XVII° et XVIII° siècles.

Autel de la première renaissance, représentant ste. Anne portant la Vierge et le Christ, entre st. Magnus et st. François, avec un donateur agenouillé, provenant de la chapelle St.-Wendelin à Kazis (Grisons).

Lustre orné d'un buste de femme, provenant de l'ancienne maison Göldlin à Rapperswyl, 1541 (fac-simile).

Salle provenant de la maison Pestalozzi à Chiavenna,   XXVI

aux armes d'Antoine et d'Angélique Pestalozzi, 1585.

Poêle à carreaux en relief avec représentation du serment du Grütli, fin du XVIe siècle (restauré).

Vitraux. Série de six panneaux à figures avec armoiries de familles nobles de la Suisse orientale, travail du verrier saint-gallois André Hör, 1562 et 1563.

Miroir renaissance aux armes Pestalozzi, provenant de Chiavenna, XVIe siècle.

XXVII   **Chambre renaissance provenant de la Rosenbourg à Stans,**
aux armes de Jean Waser.

Poêle à carreaux polychromes, 1566.

Vitraux. Panneaux à figures et à armoiries de nobles de la Suisse centrale, de la Marche, de l'Entlibuch et de la Collégiale de Beromunster (Lucerne), fin du XVIe et commencement du XVIIe siècle.

Chambre de Wiggen.

XXVIII   **Chambre à coucher,** dite « Winterstube », provenant du manoir de Wiggen près Rorschach, 1582.

Poêle à carreaux en relief, aux armes de la famille Schlaprizi de St.-Gall.

Vitraux. Armes de nobles de la Suisse orientale, commencement du XVIIe siècle.

Salle du Seidenhof.

XXIX   **Salle renaissance,** provenant du Seidenhof à Zurich, avec **poêle** polychrome, travail du poêlier Louis Pfau, de Winterthour, 1620.

Vitraux. *Première fenêtre,* en haut, les quatre saisons avec des armes de nobles zuricois, travail du verrier Josias Murer, de Zurich, 1599; au bas, 1, vue du cours de la Limmat et de la partie haute du petit Zurich, 1581; 2, le coucher des fils d'Aaron, 1545; 3, la Pâques, d'après un dessin de Hans Holbein, 1545, ces deux derniers avec des armes de chanoines de Zurich; 4, armes Heidegger et Murer, 1593. *2e fenêtre,* à droite et à gauche, médaillons aux armes de conseillers zuricois, 1598; au centre, médaillon au armes Wirz-Bodmer, 1593.

XXX   ### Galerie.
Petit plafond à caissons provenant du « Venedigli » à Zurich, XVIIe siècle.

Frises de plafond sculptées, de style gothique tardif, provenant de l'église de Windisch (Argovie), commencement du XVIe siècle.

Porte en pierre sculptée, de style renaissance, aux armes de l'abbé de St. Gall, Othmar II Kuonz, de Wyl (1564—1577), provenant de la maison de l'abbé à Wyl, 1565.

Porte en pierre sculptée avec inscription (entrée de la tourelle), 1572. Deux portes du XVIIe siècle, celle de droite provenant de l'abbaye de Tänikon (Thurgovie).

Tapisseries du XVIIe siècle, dont deux pendants aux armes de Salis (Grisons).

Têtes de cerfs, l'une avec une figure de la Fortune, provenant du château de Goldenberg, l'autre avec Susanne au bain, provenant de Laax (Grisons), XVIe siècle; une troisième avec cartouche sculpté provenant d'Argovie, XVIIe siècle.

Meubles. Buffet, coffres, armoires et chaises des XVIe et XVIIe siècles. Armoire à bijoux sculptée, de style renaissance, provenant de la maison « zum Wilden Mann » à Zurich, fin du XVIe siècle; grand coffre aux armes de Mundprat et Peyer de Hagenwyl. Tableaux des offices et des confréries (« Regiments Spiegel ») de la ville de Zurich, 1657; arbre généalogique des hospitaliers de Zurich, 1676. Pendule astronomique, XVIIe siècle.

Vitraux. Série provenant du cloître de l'ancienne abbaye des Cisterciennes de Rathausen (Lucerne), dons du nonce apostolique, du doyen et du chapitre de Constance, de différentes abbayes et collégiales, de villes amies et de bienfaiteurs du monastère, avec représentations de la création de l'homme, du déluge et de la vie du Christ; œuvre des peintres verriers François Falenter et Jacob Wegmann, de Lucerne, et du maitre au monogramme *M. M.*; fin du XVIe siècle et commencement du XVIIe siècle.

Galeries.

Plafond avec frises de style gothique tardif, provenant de l'église **XXXI**
de Berg sur Irchel, commencement du XVIe siècle.

Tapisserie des Gobelins représentant le renouvellement de l'alliance des Suisses et de Louis XIV, roi de France, à Notre-Dame de Paris, le 18 novembre 1663, faisant partie de la série dite « Histoire du Roi. »

Tableau allégorique commémoratif de la conférence tenue à Schaffhouse en 1651, par les sept cantons évangéliques, pour la dénonciation du contrat de mise en gage du comté de Nellenbourg pendant le différend avec l'Autriche, œuvre du peintre Veit, de Schaffhouse, 1699. Portrait du bourguemestre Waser de Zurich, 1654 (celui-là même qui est représenté sur la tapisserie du renouvellement de l'alliance); portraits zuricois, XVIIe siècle.

Tableau héraldique des chanceliers zuricois, depuis 1678, et des sous-chanceliers depuis 1699.

Meubles provenant de la Suisse romande, XVIe et XVIIe siècles.

Vitraux. Suite de la série de Rathausen (voir salle XXX), dons des envoyés d'Henri IV, roi de France et de Philippe II, roi d'Espagne, de patriciens, d'états confédérés et de villes diverses. Le chapitre général de l'ordre des chartreux à la chartreuse d'Ittingen (Thurgovie), entouré de scènes de la vie de saint Bruno, 1588.

Vitrine. Objets provenant de la fonderie de bronze des Füssli, à Zurich (soupières pour la soupe à l'espagnole, mortiers, moules etc.). Objets divers en métal, XVIe—XVIIIe siècles.

XXXII **Plafond à frises sculptées** de style renaissance, provenant de la « Hof » à Neunkirch (Schaffhouse), avec la marque du maître et les armes de Schaffhouse, 1555.

Pavement en carreaux vernissés aux armes de Jean Waser, provenant de la Rosenbourg à Stans, 1566.

Poutres sculptées (sous la galerie) provenant de Promenthoux près Nyon (Vaud), XVIe siècle.

Frises taillées de style gothique tardif, commencement du XVIe siècle.

Panneau héraldique représentant un tir des archers de Zurich, en 1627.

Vitrine. Modèles et matrices de la fonderie des Füssli à Zurich, XVIe—XVIIIe siècles.

Portraits du bourreau de Zurich, Jean-Jacques Volmar et de sa femme, Marie Berchtold, peints par Conrad Meyer, 1677. Relief en bois peint, portrait d'un membre de la famille Füssli, fin du XVIe siècle; le même en pierre.

2e Etage.

On montera par l'escalier de pierre et on prendra à droite:

Galerie.

XXXIII **Buffet** provenant de Bürglen (Uri) 1595; lit de Balthasar Planta, exécuté par Antoni Zanet, 1650.

Chambre Winkelried.

XXXIV **Plafond à caissons** avec applications de papiers peints, provenant de la maison Winkelried à Stans, 1600.

Poêle à carreaux verts en relief avec encadrements polychromes, exécuté par Hans-Heinrich Graf de Winterthour, 1645.

Meubles, XVIe et XVIIe siècles.

Vitraux. *De gauche à droite,* 1, le portement de croix d'après Rodolphe Manuel, avec les armes de Hans Wild, 1556. 2, l'empereur Henri et ste. Marguerite, avec armoiries indéterminées. 3, armes des familles Luchs-Escher, Wellenberg et de Lanwick, provenant du château d'Eigenthal (Zurich), XVIe siècle. 4, st. Meinrad, la Vierge et st. Pélage, avec les armes de l'abbé d'Einsiedeln, Adam Heer (1569—1610). 5, l'adoration des mages, avec les armes de Gaspard Schufelbül, 1539.

Galerie.

XXXV **Meubles et objets** provenant, pour la plupart, du canton des Grisons, XVIIe et XVIIIe siècles.

Encadrements de fenêtres peints, provenant d'une maison de paysan à Sins (Argovie), 1765.

Vitraux des XVI° et XVII° siècles.

Vitrine. Modèle de cuisine, cassettes, meubles en miniature, figurines de bois, etc., XVII° et XVIII° siècles.

Chambre de Münster.

Petite chambre à boiseries en arolle, avec poêle, provenant de XXXVI l'abbaye de St.-Jean-Baptiste de Münster (Grisons); on y remarque les initiales de l'abbesse, Ursula Karl de Hohenbalken († 1666), 1630.

On reviendra ici sur ses pas et on se dirigera à gauche:

Galeries.

Meubles des XVI° et XVII° siècles: lit aux armes Hess et XXXVII Schwarzmurer, de Zurich, 1599.

Vitraux. Armes de Josué de Mosshaim, 1592 et de Lot Stimmer, maître d'école et bourgeois de Schaffhouse, 1566.

Poêle peint, travail zuricois, fin du XVIII° siècle.

Meubles du XVII° siècle. XXXVIII

Vitraux. Armes du conseiller Henri Lamberger, bourguemestre de Fribourg, 1595, et de Salomon Hirzel, bourguemestre de Zurich 1637, ces dernières restaurées par son fils, le bourguemestre Jean-Gaspard Hirzel, en 1669.

Chambre de Biasca.

Chambre de style renaissance, provenant du palais Pellanda à XXXIX Biasca, 1587.

Poêle à figures allégoriques, travail du poêlier David Pfau, de Winterthour, 1636.

Vitraux. 1, la chaste Susanne, avec les armes du curé Conrad Emisegger, de Lichtensteig et Wattwil (St.-Gall), 1585. 2, le sacrifice d'Isaac, avec les armes de Martin Koch et d'Elisabeth Ziegler, 1565; l'arche de Noé et l'ivresse de Noé, avec les armes du conseiller Noé Wölflin, de Berne, 1561.

Galeries.

Meubles, XVII° et XVIII° siècles, coffres de voyage, etc. XL

Instruments de musique, épinettes. XVIII° siècle.

Vitraux. *Première fenêtre,* armes du colonel brigadier, Emmanuel Fasch, commencement du XVIII° siècle, et des pasteurs de Zofingue, Corneille Suter et Samuel Rohr, 1700. *2° fenêtre,* représentations allégoriques et armoiries de familles zuricoises, fin du XVII° siècle; Venus et l'Amour, avec les armes de H.-C. Aberli, hôte du « Rössli » à Zurich, 1643.

XLI **Meubles rustiques** peints, XVIIIe siècle. **Coffres-forts** en fer.
Vitraux. *Première fenêtre,* le sacrifice d'Isaac, avec les armes d'Ulrich Hertzig, provenant de la vallée de la Thur, 1611; le jugement de Salomon avec les armes de Hans Hofstetter, bailli d'Interlaken, 1591. *2e fenêtre,* le symbole de la Nouvelle Alliance, commencement du XVIIe siècle; le martyre de st. Maurice, commencement du XVIIe siècle.

On reviendra ici sur ses pas jusqu'à l'escalier, on redescendra au 1er étage et on prendra à droite:

Galerie.

XLII **Piscine** avec porte en fer portant l'inscription « hodie mihi, cras tibi », provenant de St.-Gall, 1573.

Deux **portes** provenant de l'ancienne salle de musique à Zurich, XVIIIe siècle.

Meubles des XVIIe et XVIIIe siècles.

Armoiries des baillis de Greifensee, de 1407 à 1798, et des administrateurs de la prévôté Felix et Regula à la Collégiale de Zurich, XVIIe siècle.

Salle Lochmann.

XLIII **Salle** provenant de la maison Lochmann à Zurich, construite par Henri Lochmann, né en 1613, colonel (1648–1651) de l'ancien régiment Rahn, ennobli par Louis XIV; il avait épousé à son retour à Zurich Emerance Gossweiler (voir leur armes au plafond); † 1667.

Portraits de personnages de la cour de France, d'hommes d'état et de militaires du XVIIe siècle.

Plafond décoré de sujets mythologiques peints.

Lustre en cristal acheté pour cette salle en 1785, à Venise.

Quatre **plans en relief,** projets de fortification pour la ville de Zurich, XVIIe siècle.

Poêle décoré de scènes de l'histoire Suisse, travail de David Pfau, de Winterthour, 1698, don de la ville de Winterthour à l'Hôtel de Ville de Zurich.

Vitraux. *Haut,* médaillons des XVIe et XVIIe siècles. *Fenêtres du côté de la Sihl,* armoiries de personnages officiels zuricois, deuxième moitié du XVIIe siècle. *Fenêtres de gauche,* grisailles aux armes de corporations zuricoises, fin du XVIIe siècle. *Fenêtres de droite,* grisailles représentant des sujets mythologiques et bibliques, fin du XVIIe siècle.

Chapelle haute.

XLIV **Porte** de style gothique tardif, aux armes de Lucerne, et vantaux sculptés aux armes de la commune de Merenschwand, provenant de l'église de ce lieu, XVIIe siècle.

Chaire et stalles, provenant de l'église de Merenschwand, 1687 et 1670.

Pavement en carreaux émaillés polychromes, travail d'Abraham Erhard, de Winterthour, provenant de la maison Winkelried à Stans, 1600 (fac-simile).

Grille de chœur en fer forgé, gravé et doré, provenant de la chapelle de Killwangen (Argovie), fin du XVIe siècle.

Porte en pierre avec deux armoiries, provenant de Wallenstatt, 1633.

Mobilier d'église, XVIIe et XVIIIe siècles.

Epitaphes du général Salomon Hirzel, seigneur de Wülflingen et Buch (1672—1755) et de sa femme Anne-Marguerite Meiss (1687—1727), provenant de l'église de Wülflingen.

Bannières d'église en soie, à la croix de saint Maurice, provenant du Valais, XVIIIe siècle.

Autels. Autel sculpté provenant de la Thurgovie; autel domestique peint aux armes des familles Göldli et Pfyffer de Lucerne.

Vitraux. Grisailles provenant de l'église de Stadel (Zürich), 1737; armes de la seigneurie de Regensberg, provenant de l'église de Steinmaur, 1667; Charlemagne et Pépin, fondateurs de la Collégiale de Zurich, 1545, 1556 et 1625; vue de l'église Saint-Pierre à Zurich, 1549; médaillon peint par le verrier Josias Murer de Zurich, 1580.

Chambre rococo.

Les ornements sculptés ont été exécutés d'après ceux d'un XLV boudoir de Fribourg.

Consoles avec figures allégoriques des Saisons, provenant de la maison «zur Engelsburg» à Schaffhouse.

Porcelaines zuricoises de l'ancienne fabrique de Schoren, près Bendlikon, collection déposée par M. le directeur H. Angst.[1]

Service de table donné par le Conseil de Zurich à l'abbaye d'Einsiedeln, 1777.

Terres cuites modelées par le sculpteur Valentin Sonnenschein.

Poêle en faïence, travail du poêlier Düringer, de Zurich, 1754.

---

[1] *Notice.* La fabrique de porcelaine de Schoren, près Bendlikon, avait été fondée en 1763 et agrandie en 1766 par une société zuricoise, à l'inspiration de Salomon Gessner, le poète et peintre. Les plus anciens produits datés que nous connaissions remontent à 1765. Le directeur technique de la fabrique était un certain Adam Spengler; de 1771 à 1781 ce fut aussi le peintre Henri Füssli, plus tard marchand d'objets d'art. La fabrique prit une grande importance lorsqu'elle eut comme modeleur, le sculpteur Jean-Valentin Sonnenschein, né à Ludwigsburg en 1749, alors agé de 70 ans. Malgré la perfection des produits, l'établissement eut à se débattre au milieu de difficultés financières considérables. En 1793, la fabrique passa entre les mains de Mathias Nehracher, de Stäfa, et en 1803, trois ans après la mort de celui-ci, elle fut acquise par le président Hans-Jacob Nägeli, de Bendlikon; la fabrication de la porcelaine fut abandonnée et entièrement remplacée par celle de la faïence.

Galeries.

XLVI   **Première vitrine.** Porcelaines de la fabrique de Nyon (Vaud), fin du XVIIIe et commencement du XIXe siècle.

2e et 3e vitrine. Verrerie, du XVIe au commencement du XIXe siècle.

4e vitrine. Faïences Suisses de diverses provenances.

5e vitrine. Faïence rustiques bernoises de Langnau, Heimberg, Bäriswil, etc.

Bas-relief en marbre provenant de l'ancien monument du poëte Salomon Gessner, à Zurich, sculpté à Rome par Alexandre Trippel, de Schaffhouse, en 1791.

Panneaux héraldiques des conseillers du quartier du Fraumunster à Zurich, depuis 1522; renouvelés en 1671.

Vitraux. *Première fenêtre,* haut, armes Zollikofer-Payer, de Schaffhouse, 1635; Zollikofer-Schobinger, de St.-Gall, 1635; Fidler-Schlumpf, de St.-Gall, 1635; Zollikofer-Schlumpf, 1665. Au bas, scènes de l'histoire de Zurich avec armes de familles nobles zuricoises, a) le combat de Tättwyl en 1351, 1644; b) Jacob Müller, de Zurich, sauve la vie du comte Rodolphe de Habsbourg dans un combat contre les barons de Regensberg (1268), 1644; c) destruction de la petit ville de Glanzenberg sur la Limmat (1268), 1644; d) le siège de Zurich par le duc Albert (1351), 1644. *2e fenêtre,* en haut, armes Wolf de Zurich, 1609; Schwerzenbach, Rordorf, Setzstab, 1597; Wellenberg, Escher-Luchs, Rubli, 1598; Lavater, Wolf, Simmler, 1598; au bas, a) la tristesse de Jacob, avec le monogramme du peintre verrier H.-V. Jegly, 1645; b) adoration de l'agneau pascal, avec les armes du pape Urbain VIII Barberini et le monogramme du peintre-verrier Henri Nüscheler, de Zurich; c) la naissance de Marie annoncée à Joachim, avec les armes du nonce apostolique comte Scotti, de Plaisance, et le même monogramme qu'à b, 1638; d) armoiries des baillages zuricois, 1624. *3e fenêtre,* haut, armes Werdmüller, 1627, Escher-Schönau, 1599, Bonstetten-Göldli, 1590, Schwytzer, 1657; bas, a) la roue du bonheur avec les armes Wüest et Sprüngli, commencement du XVIIe siècle; b) allégorie de l'amitié avec les armes Berger et Wirz, 1637; c) armes Hirzel, Werdmüller, Haab, 1665; d) armes du comté de Kybourg, de l'état de Zurich et de la famille Escher (Glas) de Zurich, avec le monogramme du peintre verrier J. Weber, 1671.

Galerie.

XLVII   **Plafond à caissons** provenant du « château inférieur » de Zizers (Grisons), XVIIe siècle.

Porte sculptée provenant du château de Begnins, près Nyon (Vaud), 1561.

Grille en fer forgé de l'ancien Arsenal de Zurich, XVIIIᵉ siècle.

Meubles des XVIIᵉ et XVIIIᵉ siècles.

Vitraux. *A gauche en haut*, les trois patrons de la ville de Zurich, *à droite*, les armoiries de Zurich, tout deux du commencement du XVIIᵉ siècle. *En haut, au milieu et au bas*, les armoiries de l'état de Berne et de la ville et baillage de Nidau, provenant de l'église ste. Marguerite à Kallnach (Berne), 1627.

Céramique.

Premier Cabinet.

Trois poêles de Winterthour, par Louis Pfau, 1667, Henri Pfau, XLVIII 1660, et Hans-Henri Graf, 1687.

Carreaux de poêles de Winterthour des XVIᵉ et XVIIᵉ siècles.

Plats en faïence de Winterthour, XVIIᵉ siècle. [1]

Vitraux. Médaillon aux armes d'Ulrich Stutz, maître-tireur, et de Hans Stutz, meunier à Dübendorf, 1572, renouvelé en 1665 par les frères Stutz; médaillon aux armes d'Antoni Œri, bailli de Wädensweil, 1588, renouvelé en 1604, 1663 et 1687 par ses descendants.

2ᵉ Cabinet.

Boiseries et crédence provenant de Berne, 1610.

Poêle avec sujets relatifs aux corporations de Zurich et scènes de l'histoire de cette ville, etc., don de la ville de Winterthour au nouvel hôtel de ville de Zurich, travail de David Pfau.

Faïences de Winterthour, plats armoriés, cruches, encriers, etc., XVIᵉ et XVIIIᵉ siècles, collection déposée par M. le directeur H. Angst.

Vitraux. Panneaux peints par le verrier André Hör, de St.-Gall, *Première fenêtre,* a) armes Graf-Peyer, avec la création de l'homme, 1562; b) armes Schowinger-Sattler, avec Daniel dans la fosse aux lions, 1562. *2ᵉ fenêtre,* a) armes Zyli-Gaisberg, avec le déluge, 1562. b) armes d'une corporation de bouchers, 1564. *3ᵉ fenêtre,* a) armes Stockar-Peyer, avec représentation allégorique de la Justice 1562; b) armes Peyer-Schlaprizi, avec scènes de la vie d'Abraham, 1562.

3ᵉ Cabinet.

Poêles, modèles et carreaux de poêles, XVIIIᵉ siècle.

---

[1] *Notice.* Les faïences de Winterthour remontent au commencement du XVIᵉ siècle, mais c'est surtout à partir du XVIIᵉ siècle qu'elles eurent une vogue extraordinaire, qui dépassa même les frontières du pays, et la petite ville posséda alors de vingt à quarante potiers. Les produits les plus estimés sont ceux des Erhart, des Pfau et des Graf, et comprennent en première ligne les poêles à décor peint ou en relief, les plats armoriés, les plats ornés de figures, les cruches, les encriers, etc. (voir deuxième cabinet). Les maîtres potiers les plus célèbres furent: Louis Pfau I († 1625), Louis Pfau II († 1685), Hans-Henri Pfau, avoyer en 1672, Christophe et Anthoine Erhart, Hans-Henri Graf († 1705), David Sulzer, etc.

Première armoire. Faïences de la Suisse italienne.

2e et 3e armoire. Faïences zuricoises de la fabrique de Schoren près Bondlikon.

Première vitrine. Faïences de Beromunster (Lucerne). [1]

2e vitrine. Faïences de Lenzbourg. [2]

Paroi. Plats et assiettes à décor en camaïeu bleu, provenant de la Suisse orientale.

Vitraux de corporations diverses, avec scènes de l'ancien testament, fin du XVIe siècle.

Costumes.

Premier Cabinet.

XLIX
Costumes civils populaires.

Poêles du XVIIIe siècle.

Poteries rustiques bernoises et **faïences de Zurich** décorées de types costumés.

Dessins originaux (costumes populaires) du peintre Louis Vogel, de Zurich, commencement du XIXe siècle.

Vitraux rustiques des XVe et XVIe siècles.

2e Cabinet.

Costumes bourgeois et **pièces de costume,** XVIIe—XIXe siècles. Broderies. Spécimens d'ouvrages en paille tressée du Freiamt.

Poêles. Poêle de Winterthour avec décor représentant des batailles Suisses, travail de Henri Pfau, provenant de la maison « Boken » près Horgen, fin du XVIIe siècle. Poêle avec décor de fleurs peintes, provenant de Berne, fin du XVIIIe siècle.

Vitraux. Armoiries d'états, de contrées et de communes avec bannerets, XVIIe siècle. Petits médaillons à figures et à armoiries des XVIe et XVIIe siècles.

Salle des armes.

Première partie.

L
Cheminée gothique provenant de Bourg St. Pierre (Valais), 1442.

Drapeaux. En haut, drapeaux militaires des XVIe et XVIIe siècles. Grand drapeau de lansquenet de provenance étrangère. Paroi de

---

[1] Cette industrie fut apportée dans la contrée, à la fin du siècle dernier, par un certain André Dolder, né en 1743 à Bennones (comté de Salm); ses produits se font remarquer principalement par leurs formes originales.

[2] Lenzbourg possédait deux fabriques dans la seconde moitié du siècle dernier. La première fut créée le 1er Juin 1763 par A.-H.- et H.-C. Klug; la seconde était exploitée par un potier, J.-J. Frei, dit « Fayenzler », qui avait fait son apprentissage à Paris, mais qui ne put, sans doute, développer suffisamment sa fabrication, car ses descendants tombèrent dans la misère et durent s'expatrier.

droite, drapeaux de la ville et des tireurs de Zurich: deux drapeaux de Zurich, 1437, dont l'un a été sauvé à la bataille de Cappel (1531) par Hans-Adam Naef. Paroi de gauche, bannières funéraires provenant du couvent de Ruti, XVe siècle (comp. chapelle gothique); drapeau de St.-Gall, commencement du XVe siècle; drapeaux conquis pendant les guerres de Bourgogne, 1476.

Pièces d'artillerie. Canon en fer provenant probablement du butin des guerres de Bourgogne, commencement du XVe siècle; canons des XVIe et XVIIe siècles; pièces garnies de cuir dites « Feuerhund », XVIIe siècle; fauconneaux, arquebuses de remparts, travail zuricois, commencement du XVIIe siècle. Projectiles.

Armes de hast. Collection de hallebardes, du XIVe au XVIIe siècle; marteaux d'armes, XVe et XVIe siècle; longues piques de gens de pied, commencement du XVIIe siècle.

Armes blanches. Vitrine à droite, histoire et développement de l'épée, représentés par de nombreux spécimens allant du XIe à la fin du XVIe siècle. Vitrine à gauche, poignards, du XIIe au XVIIe siècle; couteaux, du XIIe au XVIIIe siècle. Forme primitive de la hallebarde, XIIIe siècle. Pointes de lances et de piques depuis le IXe siècle.

Armes défensives: Targe zuricoise, commencement du XVe siècle. Cottes de mailles, XVe XVIe siècles. Histoire et développement de la bourguignotte, XVIe XVIIe siècles. Vitrines entre les piliers, à gauche, casques et cuirasses, bacinets, XIVe siècle, chapeau de fer, salades, XVe siècle; bourguignottes, XVIe siècle; morions, XVIIe siècle; Pansières, XVe XVIe siècles. Rondache ciselée, XVIe siècle. A droite, arbalètes, du XVe au XVIe siècle; arbalète de rempart, XVIe siècle.

2e partie.

Grande tente de la corporation des forgerons de Zurich, 1642, entourées de trois rangs de demi-armures des XVIe et XVIIe siècles, dont sept proviennent de Frauenfeld. Quatre fauconneaux, XVIIe siècle. Deux targes d'archers zuricois, commencement du XVe siècle. Fanion provenant de Rapperswyl, XVIe siècle.

Drapeaux militaires (suspendus), des XVIIe et XVIIIe siècles.

Armures. Pilier du côté de la première partie, demi-armures de la première moitié du XVIe siècle. Côté droit, demi-armures des XVIe et XVIIe siècles, dont trois avec des armets. Côté gauche, demi-armures du XVIe siècle, dont trois ciselées. Pilier du côté de la 3e partie, armures et cuirasses, XVIIe siècle.

Armes de hast (côté gauche) des XIVe et XVIIe siècles; haches d'armes, piques, corsèques, « marteaux de Lucerne », pertuisanes, espontons, etc.

Armes blanches. Epées à deux mains de la première moitié du XVIe siècle, épées de lansquenets, haches de combat.

Drapeaux bourguignons pris à la bataille de Morat, 1476; drapeaux allemands conquis pendant la guerre de Souabe, 1499; étendarts de cavalerie du XVIIe siècle.

Targes d'archer aux armes de Winterthour, XVe siècle.

Armes du réformateur Ulrich Zwingli, tué à la bataille de Cappel, 1531.

Armes à feu. Mortiers et canons à mains, XVe siècle; arquebuses, XVIe siècle; mousquets et pistolets, XVIIe siècle; poires à poudre, XVIe et XVIIe siècle; mortiers à main montés sur affûts, XVIIIe siècle.

Vitrines-pupitres. 1, éperons et étriers, XIIe - XVIIIe siècle; 2, mors de chevaux; 3, chausses-trappes et grenades à main; instruments pour mesurer et essayer la poudre, modèles de canons; 4, pistolets, XVIe - XVIIIe siècles.

Panoplies, dans les niches: 1 (du côté de la 1re partie, au bas), haches d'armes, XVe et XVIe siècle; arbalètes et carreaux, XVIe siècle; (en haut) morgensterns et haches d'armes; 2 (du côté de la 3e partie, au bas), fusils et cornes à poudre, XVIe—XVIIIe siècles; (en haut) espontons et cornes à poudre.

Côté droit: **Epées,** XVe—XVIIIe siècle; épées à deux mains, seconde moitié du XVIe siècle; épée courte de lansquenet et «glaive suisse»; baïonnettes primitives fabriquées avec d'anciennes lames d'épées.

Bannières zuricoises, XVe et XVIe siècles; **bannières données par le pape Jules II** aux villes de Zurich et Elgg et à l'abbaye de St.-Gall, 1512.

Boucliers. Six petites targes italiennes, XVe siècle.

Dons du pape Jules II aux Confédérés. Epée de parade avec ceinturon (travail italien), cantons de bannières en soie tissée représentant le couronnement de la Vierge, chapeau ducal avec son étui.

Panoplies dans les niches, 1 (du côté de la 1re partie, au bas), arbalètes de la Société des archers de Zurich, épées à deux mains, gourdes de campagne en cuir, 1532, anciennes baïonnettes (en haut) faux hampées, lances, cuirasses, etc.; 2 (du côté de la 3e partie, au bas), porte-mèches, écouvillons, engins d'artillerie, grenades à main, mortiers, pétards, modèles; (en haut), cornes à poudre, espontons.

Vitines-pupitres. 1, pointes de flèches, carreaux, carreaux incendiaires, XVe et XVIe siècle. 2, épées, XVIe siècle, poignées et pommeaux d'épées, XVIe - XVIIe siècles. 3, poires à poudre, XVIe - XVIIIe siècles, 4, appareils de mensuration à l'usage de l'artillerie, XVIIe—XVIIIe siècles.

Vitrines entre les piliers, du côté de la 3e partie, à gauche, mousquets, carabines, fusils, tromblons, etc. XVIe - XVIIIe siècles;

colliers de charges, XVIIe siècle. (A droite) équipement d'officier, première moitié du XVIIe siècle, pansière, gorgerins et haussecols, XVIIe—XVIIIe siècles; chapeaux de fer (zucchettos), XVIIe siècle.

Vitraux. Armes de la Confédération et des Cantons, donnés par le Conseil fédéral et les gouvernements cantonaux et exécutés par des peintres-verriers Suisses d'après les cartons du peintre lucernois Aloïs Balmer, à Munich.

3e partie.

Au centre, **tente** aux armes du collège d'artillerie de Zurich, XVIIIe siècle. Sous la tente, modèles de fortifications, de moulins à poudre, de voitures de guerre, de machines de siège, etc., XVIIe et XVIIIe siècle. **Tambours,** XVIIe et XVIIIe siècle.

Drapeaux. En haut: drapeaux militaires du XVIIIe et du commencement du XIXe siècle. Sur la paroi à gauche, drapeaux pris par les Zuricois pendant la guerre de Villmergen, 1712; à droite, bannières de la ville de Zurich, XVe—XVIIe siècles; étendards de cavalerie, XVIIIe siècle.

Pièces d'artillerie. Canon dit « Zürcherbraut », 1611; obusier, 1674, canon dit « Orgelgeschütz » 1742, quatre mortiers pour lancer les grenades, dits « Cœhorns », XVIIIe siècle; canons zuricois du système Gribeauval, fondus à Strasbourg, 1779; obusiers, XVIIIe siècle, mortiers, 1714; canons de marine dits « Hecht » et « Karpf » 1692; canon richement décoré, aux armes Pestalozzi, fondu à Lindau, 1708.

Armes à feu. A gauche, arquebuses de remparts, XVIe et XVIIe siècle, fusils, XVIIIe siècle; à droite, mousquets et fusils, XVIIe siècle.

Trophées. A gauche, objets provenant des batailles de Zurich, juin et septembre 1799; à droite, développement de la carabine de stand, XVIIIe et XIXe siècle.

Vitrine. Armes du Daghestan, cadeau du général-lieutenant J.-C. Fæsy, de Zurich, au service de Russie, † 1848.

Cheminée gothique ornée des figures d'Adam et d'Eve et d'Aristote et Phylis, et des armes Supersaxo, provenant de la maison Supersaxo à Glis (Valais).

Costumes militaires.

Première Vitrine, *face antérieure,* justaucorps et culottes en cuir, XVIIe et XVIIIe siècle. Habits et objets d'équipements, XVIIIe et commencement du XIXe siècle. Bonnets de grenadiers, XVIIIe siècle. *Face postérieure,* uniformes du temps de la République helvétique et du commencement du XIXe siècle; habits et uniformes du sénateur Ruepp, de Sarmenstorf (Argovie).

2e Vitrine, *face antérieure,* uniformes de régiments suisses au service de France, depuis le XVIIIe siècle jusqu'en 1830. *Face postérieure,* uniformes de régiments suisses au service de Naples, XIXe siècle.

Vitrines murales. Uniformes suisses, du commencement du XIXᵉ siècle à 1862. Uniformes de la légion brittano-suisse (guerre de Crimée); uniforme de soldat de la garde suisse du pape.

Vitrines-pupitres. Haussecols et épaulettes; épées et sabres, XVIIIᵉ et XIXᵉ siècle; gibernes et cartouchières.

Paroi. Collection de modèles de sabres, baïonnettes, gibernes, etc., provenant de l'Arsenal de Zurich.

Drapeaux et étendarts, XVIIIᵉ et XIXᵉ siècle.

Galerie.

LII   **Vitraux divers et fragments, XVIᵉ—XVIIIᵉ siècles.** Panneaux en verre gravé. Maquettes de vitraux, XVIᵉ—XVIIᵉ siècles.

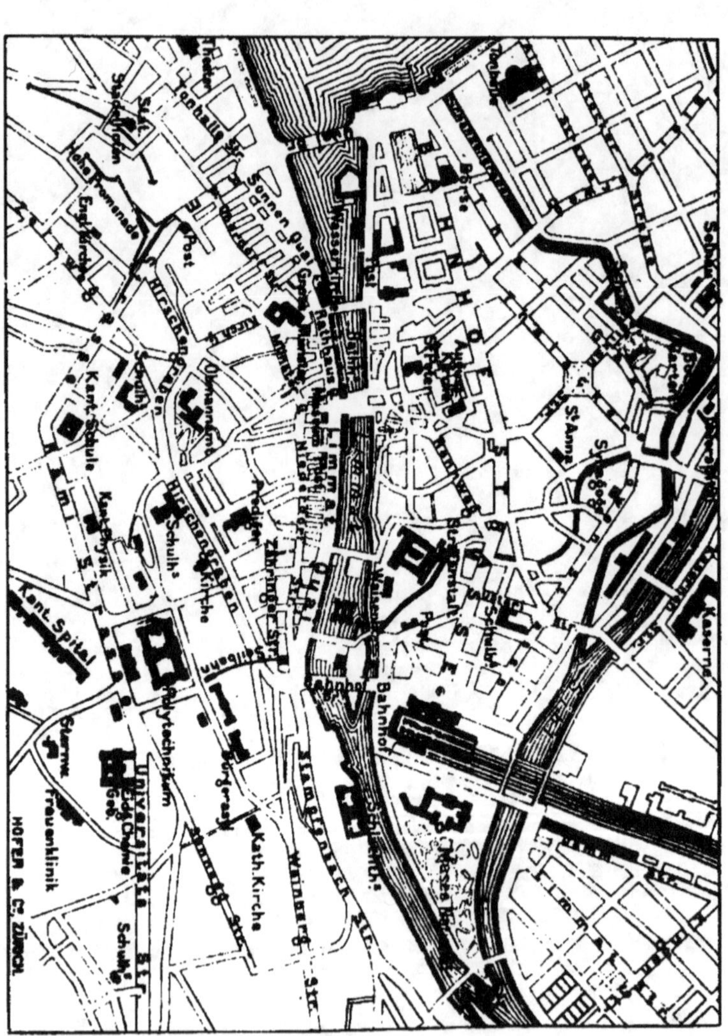
Bahnhof
Kaserne
Kant. Spital
Universität
Frauenklinik
Kath. Kirche
Limmat
HOFER & Cie ZÜRICH